DÉDIÉ AU PEUPLE

LES

FAUTES DE L'EMPIRE

PAR

NEMO

GENÈVE

1871

LES FAUTES DE L'EMPIRE

CHAPITRE Ier

> Le véritable auteur d'une guerre n'est
> pas celui qui la déclare, mais celui qui la
> rend nécessaire.

Bien des écrivains ont essayé de définir les causes premières de la guerre qui nous frappe si cruellement; aucun n'a, jusqu'à ce jour, pris la peine d'expliquer clairement ces véritables causes, et surtout ne les a mises simplement, sans esprit de parti, sans arrière-pensée politique, sous les yeux du public. Ces causes les voici : 1° La volonté *absolue* et *arrêtée* de la Prusse de forcer la France à la guerre, considérant que l'unité allemande sous la domination prussienne ne serait un fait définitivement accompli que le jour où la France, trahie, écrasée, ne serait plus une menace pour la Prusse, ni une barrière défendant l'Europe contre les envahissements de l'ambition allemande. La plus simple preuve est celle-ci : la Prusse était *formidablement* armée et agressive, le gouvernement français paisible et désarmé. 2° Les excitations insensées de la tribune et de la presse qui, à tort ou à raison, publiait dans maints journaux, dans maints discours, des allusions, sans cesse renaissantes, à cette défaite imaginaire de Sadowa, échec pour notre politique, soit, mais dont l'honneur et la sécurité de la France ne pouvaient être atteints, puisque dans cette lutte de deux peuples qui nous haïssaient, nous ne hasardions ni un homme ni un écu; mais que dire de ces coupables discours nous présentant, avec toutes les ressources du talent oratoire, cette éternelle défaite de Sadowa, excitant la

fibre guerrière, si irritable en France, exaltant ce qui res-
tait de ce vieux et respectable préjugé, qu'on appelait le
chauvinisme, nous persuadant, *à tous*, que la Prusse nous
humiliait chaque jour, que le *vieil Empereur* craignait la
guerre, et que nous jeunes et ardents nous la voulions ?
Puis, après une dernière bravade de la Prusse, après les
paroles prématurées de MM. de Grammont et Lebœuf,
alors que toute la prudence du cabinet ne pouvait plus
détourner l'orage, quel nom donner à ces hommes, si
belliqueux hier, qui venaient dire à la France ces paroles
anti-françaises : « Vous ne pouvez pas vaincre », qui, pour
la vaine gloire d'avoir vu juste, jetaient la crainte dans
les cœurs, la désunion dans l'armée, et apprenaient à l'é-
tranger le secret de notre faiblesse et de sa force ? Pour
l'honneur du peuple français espérons que ces hommes
n'étaient que de vaniteux imprudents ; mais pourquoi, si
leur patriotisme était sincère, ne pas dire, quand il était
temps encore de tout arrêter, ce qu'ils ont dit le lende-
main, alors que la France entière, instruite et frémissant
de l'outrage prussien, ne pouvait plus, ne *voulait* plus
admettre d'autre réparation que celle des armes.

L'opinion publique a été faite artificiellement, on l'a
surexcitée par des discours perfides et imprudents, par
les articles de la presse entière, et quand de cette nation
ainsi exaltée est sorti le cri : « A Berlin ! » et que le souverain prononça ces paroles historiques : « Dans son amour
de la gloire, la France m'a glissé dans la main, » et qu'il
céda à cet entraînement universel, alors s'élevèrent ces
voix hostiles qui disaient : « La France est pacifique,
l'Empereur *seul* veut la guerre, la France sera vaincue ! »
Qui donc les instruisait si bien ? et d'où viennent aujour-
d'hui ces accusations empreintes d'un jésuitisme si ha-
bile ? Au reste, je renvoie tous les hommes de bonne foi
à tous les journaux de l'époque qui traitèrent cette question, à la lecture des proclamations de l'Empereur, et j'en
appelle à leur conscience : ces journaux demandaient-ils
la paix (sauf quelques exceptions) ? Ces proclamations
sont-elles d'un souverain enivré d'un vain désir de popu-
pularité et de conquêtes, ou celles d'un prince sensé qui
se voit entraîné par un mouvement d'enthousiasme irré-

fléchi à une guerre *longue et difficile*, comme le disait la proclamation de l'Empereur à ses troupes ? Je crois que pour tout esprit sérieux et *impartial* comme il en existe beaucoup en France, la réponse sera facile. Une opinion publique exaltée par des moyens factices, la maladresse d'un diplomate, l'imprudence d'un ministre, l'amour de la gloire dans l'armée, tout a contribué à tromper l'Empereur et à l'entraîner dans une guerre qu'il voulait éviter, et qu'il *eût évitée*, si la Prusse n'avait été secondée à l'intérieur par les menées des ennemis de l'Empire et par cette folie de l'épée qui a rendu la France malheureuse souvent, mais chevaleresque toujours.

Il n'entre ni dans ma pensée, ni même dans le cadre étroit que je me suis tracé, de juger ou de défendre les opérations militaires ; le maréchal Lebœuf, brave et honnête soldat, excellent général, a pu être un ministre de la guerre insuffisant, le choix de certains généraux a pu être malheureux, et l'on a certainement été trompé sur la portée intellectuelle de quelques chefs, les fautes de l'administration et des intendances dont la mauvaise volonté est évidente et qui, depuis quelques années, étaient composées presqu'entièrement d'orléanistes, a pu contribuer à nos premiers revers. A Dieu ne plaise que j'accuse aucun parti d'avoir trahi la France ; cette horrible accusation que *tous* les partis se rejettent imprudemment ne se trouvera pas sous ma plume, mais il est évident que les esprits hostiles, quand même, redoutaient, dans une guerre heureuse, l'affermissement de l'empire et la ruine définitive de leurs espérances. Pour ne parler que d'un fait personnel, je lus, dans le mois d'août dernier, une lettre d'un personnage qui a acquis depuis une certaine notoriété presque militaire et qui écrivait ceci : « Décidément, l'Empereur ne veut pas la guerre, mais nous qui sommes jeunes, nous la voulons, l'armée la veut aussi et l'opinion publique saura bien l'entraîner. » Quelques jours après la guerre éclatait ; nous savons le reste.

CHAPITRE II

On reproche vaguement bien des fautes à l'Empire ; on omet généralement de lui en reprocher quelques-unes qui, au point de vue de la sécurité intérieure et de la force à l'étranger, ont eu une extrême importance ; je les résumerai en quelques mots, n'ayant pas l'habitude d'écrire et craignant de fatiguer l'attention de mes lecteurs. Les grandes lois sur le droit de réunion, et surtout celle sur la liberté de la presse, arrivèrent dans un moment inopportun ; la fin malheureuse de l'expédition du Mexique, dont l'idée première était belle et eût été féconde en heureux résultats pour la France, causa une fâcheuse impression dans le pays, grâce surtout à certains journaux habilement hostiles au gouvernement. On propagea un récit inexact de cette guerre, sans prendre la peine ou sans avoir la bonne foi d'en expliquer le point de départ, et le bénéfice que la France aurait pu en retirer, c'est-à-dire la protection de nos nationaux au Mexique, et la formation d'une monarchie alliée et amie qui, empêchant l'union des Etats du Nord et du Sud, retardait, pour quelques années au moins, l'accroissement inquiétant de cette formidable puissance américaine qui tiendra l'Europe à sa merci le jour où, alliée à la Russie, elle trouvera un intérêt quelconque à écraser les vieilles monarchies. La faute politique de l'Angleterre a été de ne pas croire à ce danger et de nous abandonner alors, comme elle l'a fait dans cette dernière guerre, sans vouloir voir que ses véritables intérêts étaient les nôtres et qu'en ne nous aidant pas, elle retardait une guerre inévitable pour elle, qu'elle sacrifiait l'avenir au présent, qu'alliés, nous étions invincibles, que, séparée de nous, l'Angleterre sera écrasée à son tour, peut-être plus cruellement encore que nous. Quelques journaux essayèrent, après la catastrophe de Queretaro, de faire entendre la vérité ; on préféra à leurs explications sensées et positives les récits à sensation qui, sous une forme dramatique, ne présentaient que le mauvais côté d'une expédition glorieuse, mais dont la triste fin semblait donner raison à ses détracteurs.

La liberté illimitée qu'on accorda à la presse fut un immense danger, n'améliora en rien le sort intellectuel des classes inférieures, encore trop peu instruites en France, pour en jouir sans inconvénients. Cette liberté égara l'opinion publique, colporta des scandales nés dans l'imagination de certains rédacteurs ou de quelques clubistes en délire, permit aux partis hostiles de semer les calomnies contre le gouvernement (et on ne recula pas devant les plus infâmes et les plus incroyables), déconsidéra les gouvernants et démoralisa les populations au profit des révolutionnaires, quel que soit leur drapeau. L'Empereur eut le tort d'abandonner dès le 19 janvier ses anciennes idées au profit du parlementarisme, auquel on ne le crut jamais franchement rallié, et ses anciens amis, pour s'entourer d'hommes nouveaux quant aux affaires, l'imagination pleine d'utopies irréalisables mais séduisantes, ou de quelques vieux parlementaires imbus d'idées étroites, d'un dévouement *plus que douteux* à la cause impériale, qui ne surent ni maintenir l'Empereur dans ses idées pacifiques, ni tout organiser avec énergie pour soutenir dans de meilleures conditions une si terrible guerre. En somme, l'Empereur commit la faute de rechercher l'approbation et l'appui de ces classes moyennes qui, selon l'expression d'un éminent orateur étranger : « Ne savent plus obéir et ne savent pas commander, » et dont la vue bornée ne possède pas encore la grandeur et les traditions des hautes classes, et ne possède plus cet instinct si juste du peuple qui comprend les pensées larges et généreuses, et adopte et conçoit les grandes entreprises. En donnant ces libertés illimitées si mal à propos, on a mis entre les mains de la nation un poison dangereux, sous prétexte qu'il pouvait devenir un remède utile. On a commencé par la fin ; il fallait d'abord, suivant l'idée de quelques esprits élevés, et de l'Empereur lui-même, rendre l'instruction gratuite et obligatoire, et alors seulement, en accordant ces libertés, dignes sœurs du suffrage universel, dire au peuple : « Tu as la science, vois et choisis entre tes véritables intérêts et les mirages trompeurs que te présentent de coupables et ambitieux utopistes ! » Ce fut là une des fautes de l'Empire ; beaucoup d'entre nous y ont participé, tous en subissent les conséquences.

CHAPITRE III

Une faute sérieuse a été de croire à l'honneur et au patriotisme *ardent* de certains *néophytes* de l'empire. Entre un converti et un apostat il n'y a de différence que dans la foi et dans le motif ; entre les conseils d'un ami et ceux d'un traître, qui saura distinguer ? Avec un peu moins de confiance, on aurait vu que depuis ces derniers temps, les efforts les plus grands étaient tentés auprès des troupes pour ébranler ces bons rapports entre l'officier et le soldat, qui donnent à l'un la décision dans le commandement, à l'autre la confiance aveugle et l'obéissance passive dont nous voyons, hélas ! les heureux résultats pour l'armée prussienne. Les casernes, les cafés, étaient remplis de brochures dénaturant la vie de tous les chefs militaires en renom, de louanges à tous ceux qui, traîtres ou ambitieux, pouvaient servir aux mauvaises passions ; d'appels à la révolte, d'attaques contre l'Empereur, d'excitations à l'indiscipline ; les déserteurs y devenaient des martyrs, les lâches, des héros ; la grande faute de l'Empereur dans ces circonstances fut, trop d'indulgence pour les criminels auteurs, et trop d'indifférence pour le danger que courait l'esprit militaire en France. La bravoure ne suffit plus, *seule*, dans un temps où la science, l'habileté, la rapidité des mouvements, exigent une discipline, une obéissance presque machinale, chez l'inférieur ; une instruction profonde, une étude de chaque instant, chez le supérieur. Nos soldats sont des héros, mais des héros un peu volontaires, indisciplinés, gouailleurs, critiquant leurs chefs, jugeant leurs actes à l'avance, et si, par hasard, un événement malheureux vient donner raison en apparence à leurs critiques, n'ayant plus ni confiance, ni considération pour un chef vaincu. Enthousiaste et passionné, le soldat français porte aux nues le général imprudent que le hasard seul rend vainqueur et accable le chef malheureux trahi par ces fatalités inexplicables, que nous trouvons dans cette dernière guerre ; je ne parlerai pas de ces espions (prussiens *je l'espère*), placés dans notre armée, chargés de livrer l'Empereur, instruisant les Allemands de tous nos mouvements de troupes et qui en trahissant l'Empire ont livré la France ; ces hideux moyens soulèvent le cœur, et tout honnête homme, même en face d'une certitude, refuse de s'occuper de pareils abaissements de la nature humaine. Notre armée a été vaincue, non par la supériorité du talent et du courage, c'eût été impossible ; mais par ses propres fautes, elle seule pouvait se détruire ; mais cette cruelle leçon lui est utile, les causes morales l'ont vaincue, la force morale la sauvera ; ses torts sont effacés par son héroïque courage et le jour n'est pas éloigné peut-être où elle lavera dans le sang ennemi jusqu'au souvenir de ses défaites !

Qui saura quelle fut exactement l'influence néfaste qui empêcha l'Empereur et M. de Mac-Mahon de revenir dans Paris ? Quel fil d'Ariane guidera ces recherches dans un labyrinthe de conseils et de dépêches, et aidera à découvrir si ce furent des conseils d'amis maladroits ou une de ces intrigues machiavéliques qui ont si bien réussi aux ennemis de la France et de l'Empire ? Que de malheurs eussent été épargnés, si le maréchal et l'Empereur eussent suivi leurs inspirations ; le désastre de Sedan était évité, ainsi que le 4 septembre, cette·glorieuse journée où, des hauteurs de Belleville, des carrières d'Amérique, descendit une populace qui, sur le signal de quelques ambitieux, osa insulter à la majesté du peuple, en chassant ses élus du palais législatif et qui eut le courage d'attaquer une femme, qui dans son court passage sur le trône, n'avait fait que du bien, dont le mari était prisonnier, le fils en exil ! La désastreuse bataille de Sedan, comme on le sait surabondamment à présent, a été la conséquence de la faute commise en s'opposant au désir du maréchal et de l'Empereur et en ne leur permettant pas de revenir à Paris ; puis de cette fatalité qui a poursuivi nos armes depuis le commencement de la guerre ; le malheur a été

de se trouver acculés à Sedan avant d'avoir pu atteindre
Montmédy ou Mézières; pour de plus amples détails je
renvoie le lecteur aux brochures essentiellement militaires
qui prouvent ce que je ne fais que constater. Sedan est
un immense malheur, une humiliation, une faute peut-être,
une *honte*, jamais! On peut le redire bien haut pour l'honneur de la France et de nos armes, de l'aveu même de nos
ennemis.

Imaginer qu'un souverain, que des généraux qui cent
fois dans leur vie ont fait preuve de courage personnel,
sont devenus en un instant lâches et indignes, c'est moins
que de la calomnie, c'est de la démence.

Il eût été *criminel* à l'Empereur, pour sauver sa répu-
tation militaire, pour une vaine gloire, pour sauver même
sa liberté et sa couronne, de sacrifier des milliers de soldats qu'on dévouait à une mort *certaine* si on ne se fût
décidé à la capitulation. Le suicide peut s'excuser, le
meurtre ne se pardonne pas; l'Empereur a essayé mainte-
fois de se faire tuer (son état-major en sait quelque chose),
c'était son *droit*, c'était son *devoir*, mais faire massacrer
ses soldats, c'eût été le comble de la folie, ou un crime
exécrable.

Lorsque la France calmée, peut-être victorieuse, verra
revenir ses braves soldats sauvés par la capitulation de
Sedan, elle comprendra la vraie grandeur de ce souverain
qui a mieux aimé perdre son trône que la vie de ses su-
jets. Le roi de Prusse avait dit: « Je ne fais pas la guerre
à la France, mais à l'Empereur. » Donc il était naturel
que Napoléon III dut croire que, *lui* prisonnier, le roi of-
frirait à la France une paix acceptable; l'Empereur, en se
livrant espérait sauver la France de son implacable ennemi et conserver l'intégrité du territoire; je ne lui en
fais pas un mérite, il a rempli son devoir de souverain,
voilà tout. Cette fois encore, la Prusse a déçu nos espérances et la révolution de Paris a achevé ce que la perfide
politique de M. de Bismarck avait ébauché. Est-ce encore
une faute de l'Empire ?

CHAPITRE IV

On peut appliquer le mot fameux de M. de Talleyrand :
« C'est plus qu'un crime, c'est une faute, » à la proclamation de la république le 4 septembre. A tous les points
de vue c'est une faute grave. J'abandonne même le côté
antipathique à l'esprit français d'une révolution devant
l'ennemi tandis que le souverain est prisonnier, et contre
une femme sans appui ; j'examine le côté illégal de cet
attentat, plus grave encore vis-à-vis de la nation que vis-
à-vis de l'Empire.

Quelques hommes se permettant de prononcer la dé-
chéance d'un gouvernement issu du suffrage populaire,
osant dissoudre une chambre nommée par le peuple français : c'est l'outrage le plus grand que l'on puisse infliger
à la grande loi qui gouverne le monde moderne, le suffrage
universel. Cela est si vrai que les hommes consciencieux
de tous les partis, que les républicains sincères ont blâmé
sévèrement cette surprise, imposée à la France entière. La
vérité eut été à ce moment de remettre le pouvoir entre
les mains de la Chambre et de laisser à la Régente le droit
de choisir une commission prise parmi les partis les plus
divers ; on eût signé après Sedan une paix honorable pour
la France, à laquelle on ne demandait alors qu'une ces-
sion de territoire insignifiante et un milliard d'indemnité.
A l'heure présente, après tant de sang versé inutilement,
tant de deuils, on lui demande ses deux bien-aimées pro-
vinces, l'Alsace et la Lorraine, et quelle indemnité ?

Puis, la guerre finie, la France avait le droit de juger
son gouvernement ; quelle qu'eût été la volonté du pays,
tous se seraient inclinés ; et si la nation, oubliant pour
quelques mois de revers vingt ans de gloire et de prospérité, avait perdu confiance dans l'Empire, pas une voix
n'aurait osé se plaindre, pas un *impérialiste* ne se serait
cru le droit de protester contre la décision du suffrage
universel. Au lieu de cela, quelques hommes ont *enlevé* à la
nation le droit de choisir un gouvernement, et par cet acte
illégal ont tué, dès son origine, la république qu'ils pré-

tendaient fonder. En instituant un gouvernement révolutionnaire, ils ont aliéné à la France la sympathie des cabinets étrangers qui, tous, redoutent ou haïssent notre république. Il est vrai que pour compensation nous avons eu les vœux stériles de l'Amérique et le concours de Garibaldi! On a amené des désordres, des oppressions dans toute la France, la division dans les partis, ouvert la porte à toutes les ambitions, détruit tout espoir de paix, ramené les tristes jours des persécutions religieuses. Au nom de la liberté, on a tyrannisé toute la nombreuse classe de ces prêtres, de ces religieux qui, aux yeux de quelques-uns, ne sont même pas dignes du nom de citoyens français; on ne leur reconnaît même pas le droit d'exercer un culte dont les plus acharnés adversaires n'oseraient dire qu'il est mauvais, même lorsqu'ils ont le triste courage de l'attaquer; on a bouleversé dans ce terrible moment de crise toutes les hiérarchies militaires; on a vu un journaliste général de division, un avocat ministre de la Guerre, et M. Gambetta, flétrir imprudemment un maréchal de France!

Bref, on donne la France en spectacle au monde, et, sans nos affreux désastres qui dépassent l'espoir de nos plus cruels ennemis, l'Europe ne saurait s'il lui faut rire de nos folies, ou trembler devant les crimes que notre révolution peut déchaîner.

Si j'omets de parler de l'immense effet produit par la capitulation de Metz, outre que cet événement sort du cadre modeste que je me suis tracé, les données sont encore trop incertaines pour que l'on puisse certifier la vérité. Ce que je puis dire, c'est que tout Français raisonnable, tenant à la dignité de son pays, n'admettra *jamais*, jusqu'à preuve *irrécusable*, qu'un maréchal de France est un lâche et un traître, et qu'une armée entière, que des maréchaux, des généraux, dont le courage et le mérite sont au-dessus de toute discussion, ont suivi un chef coupable dans une voie honteuse; si cela était, si par impossible les imprudentes paroles de M. Gambetta étaient vraies, ce serait une telle honte pour la France, une telle humiliation devant l'Europe, que tout notre honneur de Français se révolterait et crierait aux accusateurs : « Taisez-vous! et si nous avons une honte, ne la divulgons pas aux yeux du monde entier! » Mais non, c'est de la folie ou du mensonge que de dire de pareilles choses et tout cœur sincèrement français ressentira profondément l'insulte faite à l'élite de notre armée dans la personne de ses chefs.

FIN

Quel avenir nous est réservé? C'est là une terrible énigme que n'osent résoudre nos plus éminents hommes d'état; Dieu seul peut y répondre, et demandons et espérons que sa main, lasse de nous frapper, nous relèvera encore une fois de nos ruines. Mais ne perdons pas courage, et que toutes les ambitions se taisent pour ne songer qu'au salut de la France, à la délivrer de l'invasion, à la préserver de la guerre civile.

Puisque le triste mot d'invasion se trouve sous ma plume, qu'on me permette une réflexion. N'est-il pas au moins singulier d'entendre accuser la race des Bonaparte d'avoir été fatale et d'avoir deux fois amené l'invasion en France? Mais il est évident, au contraire, que tant que les Bonaparte ont régné, la France était glorieuse, et que ce n'est que lorsque leur *race* fut proscrite et malheureuse, que la ruine et l'invasion pénétrèrent au cœur du pays, et ce n'est qu'après la chute du second empire que s'accomplit l'invasion définitive des Etats pontificaux. A Dieu ne plaise que je me fasse l'écho des rancunes populaires, que je ne rende pas pleine et entière justice à la branche aînée des Bourbons; leur nom est trop lié aux anciennes gloires françaises pour que je n'aie pas pour eux, pour les vertus de leur dernier représentant, le plus sincère respect; mais, chose bizarre à remarquer, leur rentrée en France a coïncidé avec nos désastres de 1814 et 1815, et nos désastres de 1870 ont ranimé le zèle du parti légitimiste et ouvert de nouveaux horizons à leurs espérances;

une fatalité terrible, lie-t-elle donc les triomphes de ce
parti aux malheurs de la France?

Et qu'on ne croie pas à une hostilité systématique de
ma part, je constate simplement un fait *incontestable*.
Loin d'être hostile au retour possible de M. le comte de
Chambord, je n'admets que deux principes en fait de gouvernement : ou l'hérédité du droit divin, ou la légitimité
de la souveraineté du peuple; hors de ces deux principes,
la France n'aura jamais de gouvernement stable. Si le
pays croit réellement que le retour aux vieilles idées qui
avaient du bon, la foi au droit divin, l'alliance du *trône*
et de l'*autel*, le droit d'aînesse, le gouvernement exclusif
de certaines classes, etc., peuvent le rendre heureux, je
serai le premier à reconnaître dans Henri V le représentant légitime des idées du passé qui, si elles ne satisfont
pas mes tendances libérales, ont une certaine grandeur
attrayante; si, au contraire, le peuple ne veut pas abdiquer
sa souveraineté reconnue à ses droits, renier ses actes,
l'Empire, qui n'a pas abdiqué, est encore le gouvernement
qui peut le mieux ramener la paix et la prospérité en
France et la relever des ruines où elle semble ensevelie
avec lui; le seul qui, par son origine essentiellement populaire, *doit* et peut beaucoup, surtout pour les populations
agricoles et ouvrières, sans craindre de tomber dans le
socialisme. M. Gladstone disait en 1865 : « Le dix-neu-
vième siècle est le siècle de la classe ouvrière. L'Empire,
sorti du suffrage universel, a accepté et accompli pendant
vingt ans une tâche immense : il a fait pénétrer la civili-
sation, l'instruction, le bien-être relatif dans toutes les
campagnes, dans tous les ateliers; la grande loi sur les
coalitions a établi l'égalité entre le patron et l'ouvrier, et
nous croyons que, loin de déchaîner le fléau des grèves,
comme on l'a dit à tort, elle ouvrira dans l'avenir la porte
à de fécondes transactions.

Si Paris tient encore, si ses approvisionnements ont été
suffisants, si nos armées en voie de formation ont aidé le
gouvernement actuel à défendre notre pays, si les com-
mandes d'armes, de munitions étaient faites, tout cela on
le doit à la régence, à cette femme qu'on insulte chaque
jour, à ces ministres qu'on exile, à cet Empire enfin dont

on ne veut voir que les fautes. Il eût été matériellement impossible, depuis le 4 septembre jusqu'au jour où les Prussiens établirent leur cercle de fer autour de Paris, au gouvernement de la République d'avoir pu créer dans Paris toutes les ressources qui lui permettent de subsister encore, et en France les armées et les armements dont nous avions besoin.

Je ne parlerai pas des devoirs de l'Empire envers le peuple, le passé répond de l'avenir; d'autre part l'Empire appelait à lui toutes les classes, toutes les illustrations et l'on vit simultanément les plus beaux noms de la noblesse de France occuper les ministères et d'autres charges de l'Etat, ainsi que les vraies illustrations de l'Empire, sorties, comme nous le savons, tous des rangs les plus modestes de la société.

Au point de vue religieux, l'Empire a protégé et saurait protéger encore la religion et ses ministres, sans pouvoir être accusé de tomber sous le joug clérical, comme le serait fatalement le gouvernement des Bourbons, et sans être systématiquement hostile aux tendances religieuses, comme le fut toujours la monarchie de Juillet, cette révolution couronnée. Ce sont là les principales raisons qui me font croire qu'en modifiant ce que le gouvernement impérial eut de défectueux, il serait préférable de voir la France revenir à l'ancien ordre de choses, plutôt que de lui voir affronter les hasards d'un nouveau gouvernement; quant à moi, absolument désintéressé dans la question, n'ayant, grâce au ciel, d'autre désir que le bien de mon pays, n'ayant ni reçu, ni espéré de faveurs d'aucun gouvernement, je n'ai écrit ces quelques lignes que dans l'espoir de contribuer dans mes faibles moyens à la grande œuvre du peuple français; reconnaître ses fautes, les réparer et constituer un gouvernement régulier, convaincu que du bon sens populaire, s'il est libre de se montrer, sortira une solution sage et définitive de ce terrible problème de l'avenir de la France et un remède à ce mal étrange des révolutions dont elle souffre depuis si longtemps. Qu'il me soit permis d'espérer que mon pays, si supérieur et sous tant de rapports, profitera de la triste et sanglante leçon qu'il vient de recevoir, que l'idée de Dieu renaîtra plus forte que jamais en voyant que même le bras d'un homme puissant et bon ne peut arrêter la main *toute puissante* quand elle veut précipiter les empires. Lorsque nous joindrons la discipline à la liberté, l'instruction à l'esprit, la foi ardente à la tolérance religieuse, le respect des institutions à l'amour de l'égalité, le sentiment de notre valeur personnelle à l'étude et à la connaissance du mérite des autres nations ; lorsque, sans envie et sans égoïsme, nous serons aptes à prendre une plus large part à notre propre gouvernement, que nous comprendrons qu'il faut : « rendre à Dieu ce qui est à Dieu et à César ce qui est à César » ; nous reprendrons une place plus belle et plus forte aux yeux du monde que celle que nous avions jadis ; après avoir forcé le monde à nous craindre et à nous admirer, forçons-le à nous aimer et à nous respecter. Quant à nous, exilés, profitons des exemples que ce petit pays de Suisse met sous nos yeux, imitons ce peuple qui possède la liberté sans licence, le calme, la prospérité, le courage et la charité ; au nom de mes compatriotes, au nom de tous ceux qui pensent et qui ont un cœur, je remercie cette Suisse si noble, d'avoir pansé nos blessures, d'avoir essuyé nos larmes et de nous avoir accordé cette sympathique hospitalité dont nous garderons partout et toujours un souvenir reconnaissant.

L'Empereur a commis la faute de ne pas voir que les réformes tentées ou acccordées par lui sauvent quelquefois les nations jeunes, mais accélèrent les révolutions chez les nations vieillies dans certaines traditions ; mais l'Empereur ne doit pas être seul responsable dans la catastrophe qui nous frappe ; tous les partis, toutes les intelligences ont aidé à notre malheur, les uns en niant sa possibilité, les autres en provoquant la guerre et la révolution. L'erreur a été le fait de tous, l'enseignement et la douleur sont pour tous, plaignons ceux que n'instruisent pas les désastres, ces messagers que Dieu emploie pour se rappeller aux hommes, mais malheur à ceux qui ne voient dans ces désastres qu'une occasion ouverte aux triomphes de leurs ambitions, malheur à ceux qui font verser le sang des Français pour prolonger leur domination, malheur à ceux qui spéculent sur nos défaites, ne

pensent à lutter que pour s'imposer à la France, à récri-
miner contre le passé, à insulter ceux qu'ils appellent leurs
ennemis et qu'ils pourraient tout au plus appeler leurs
complices. S'il est un moment où les partis devraient se
taire, c'est assurément le moment présent, et cependant
certains hommes n'ont pensé qu'à s'emparer du pouvoir,
à déployer le drapeau ensanglanté de leur parti, à formu-
ler leur programme politique, à publier leur symbole so-
cialiste ou autre, et pendant ce temps-là le *vrai* peuple
français combat et meurt pour son pays; tandis que le
monde épouvanté de nos malheurs se demande où est
ce peuple vainqueur et heureux, où est la force qui l'abri-
tait de son glaive? la liberté qui la couvrait de ses ailes?
où sont ces jours calmes et prospères des années trop vite
écoulées? où est surtout cette belle aurore de paix qui se
levait à l'horizon? A leur place je vois les tombeaux de
milliers de victimes et sur ces tombes solitaires plane inso-
lemment l'aigle prussienne, énivrée de joie, qui chante
ses barbares victoires! Toutes nos victoires passées,
toutes nos années heureuses, quelques mois de malheurs
et de crimes les ont refoulées et remplacées par d'autres
souvenirs, qui arrachent des larmes à mes yeux, des gémis-
sements à mon cœur et la plume à ma main!

Nemo.

Lucerne, 1871.

GENÈVE. — IMPR. VÉRÉSOFF ET GARRIGUES